एक मन मेरा भी

ज्योति मिश्रा 'झा'

BookLeaf Publishing
India | USA | UK

Presentation by *BookLe*

Web: www.booklea

E-mail: info@bookl

ISBN: 978936

First edition

"वो तमाम पल खुली किताब की तरह

वो हर जज़्बात बयाने राज़ की तरह

हर ख़ुशी , हर गम, हर सुकून का सबब

लिखे हैं मैंने दिल पर हिसाब की तरह। "

'एक मन मेरा भी' समर्पित है मेरे सभी मित्रों और परिवार जनों को.

ACKNOWLEDGEMENT

आज अपनी कविताओं को एक 'काव्य संकलन' के रूप में देखने की अभिलाषा पूर्ण होती देख मन बहुत आह्लादित है. सबसे पहले मैं अपने पूज्य पापा 'श्री गुलाब मिश्रा' को नमन करती हूँ जिनके कारण बचपन से ही मुझे पत्रिकाएं पढ़ने का सौभाग्य मिला. पापा रोज़ाना अख़बार के अलावा अनेक हिंदी और अंग्रेज़ी के उपन्यास और मासिक पत्रिकाएं लेकर आते और उत्सुकतावश मैं छुप-छुप कर सब पढ़ जाती. पढ़ने के शौक ने जहाँ मुझे कभी अकेलापन नहीं खलने दिया वहीं भाषा के प्रति मेरे लगाव को बढ़ाया.

मैं बहुत सौभाग्यशाली हूँ कि माँ के रूप में मुझे 'श्रीमती मंजुला मिश्रा' मिलीं. माँ मुझसे मात्र १८ वर्ष बड़ी हैं और मैं अक्सर सोचा करती कि इतनी कम उम्र में वो कैसे हम तीन भाई बहनों की ज़िम्मेदारी उठा लेती हैं? माँ हमेशा अपने बचपन के किस्से सुनाती और हमारा मन बहलाती. अपनी माँ से ही सीखा मैंने बेटी को सहेली बनाना. वो स्वयं ज़्यादा पढ़ी नहीं परंतु हमें पढ़ने का और स्वावलम्बी होने का प्रोत्साहन सदैव उनसे मिला. मेरी कविता "माँ" उनके उसी प्रेम

का अनोखा स्वरूप है, जो आज दो बच्चों की माँ होकर मैं अनुभव करती हूँ.

मैं आभारी हूँ शिलौंग के अपने उन सभी शिक्षकों का जिन्होंने सदा मेरा उत्साहवर्धन किया और एक दुबली, पतली, सहमी सी लड़की को विभिन प्रतियोगिताओं में भाग लेने का प्रोत्साहन दिया. आज स्वयं एक शिक्षक के पद पर कार्यरत हूँ तो मुझे उनके प्रोत्साहन का महत्व समझ आया है. मैं उनके मार्गदर्शन के लिए सदैव उन्हें नमन करती हूँ.

हृदय से आभार है उसको जिसने 'चितचोर, चितेरा, चोर कहा था एक दिन मुझको हँसते-हँसते' और मेरे कोमल मन में भावनाओं के अंकुर बोये. 'अक्सर होती थी मुलाकात, मिलती थी नज़रें मगर कभी बात नहीं हुई' जो कह न सकी वो शब्दों में दर्ज़ हो गए. मेरी तमाम सद्भावनाएँ और सुभेक्षायें उन सुनहरे पलों के लिए.

ये कवितायें समर्पित हैं मेरी उन तमाम सहेलियों को जो युवावस्था से आज तक मेरे संपर्क में हैं और मुझे इस उम्र में भी सदैव ऊर्जावान महसूस करवाती हैं क्योंकि "न भूली हैं वो कुछ, न मुझे भूलने ही देती".

इस बड़ी सी सूचि में सबसे प्यारा नाम मेरे अपने बच्चों 'मानसी' और 'सिद्धार्थ' का है जिन्होंने मुझे सदैव 'अपने मन का करने को' प्रेरित किया. आज

अपनी बिटिया के प्रयत्न से ही मुझे इस ऑनलाइन कविता छपने का पता चला और बरसों की मेरी तमन्ना पूर्ण हुई.

अंततः अपने जीवन साथी 'श्री देवाशीष' का जिन्होंने मेरे प्यार को प्यार ही रहने दिया. इस किताब के छपने के दौरान उन्होंने कई सुझाव दिए. वो मेरे प्रशंसक भी हैं और आलोचक भी. २६ वर्षों के इस साथ में हमने अनेक खट्टे-मीठे पल जिए और हम एक प्यारा सा परिवार बनाने में कामयाब रहे.

तेरी तस्वीर

बहुत खुश थे आज हम
पुरजोश थे दिल के उमंग
ऐसे में तेरी याद
मेरी तन्हाई के थे हमक़दम.

जी चाहा तुझे कागज़ में उतार दूँ
मन में बसी तेरी तस्वीर को निखार दूँ.
मुस्कुराते मन से मैंने रंग सजाये
तमन्ना थी तुझे हंसी दर हंसी दिखाएं.

पर कागज़ पर उभरी थी तस्वीर
खामोश, थकी, भावहीन,
आँखों में जिसके इंतज़ार
चेहरे पर पसरी दर्द की लकीर.

कितना बदल गए तुम
ख्याल ही कभी न किया
तुम्हारी मुस्कुराती छवि
न जाने कब
मुरझाई और परछायी बन गई.

मन को हर्षाता, लुभाता,
मुस्कुराता तुम्हारा चेहरा
जाने कब उदासीन हो गया

मन को तो एहसास हुआ
तेरे बदलने का मगर,
आँखों में मेरी वही छवि
घर कर गया.

यूँ पूर्ण होगी मिलन कथा

पहुंचते रहेंगे साथी तुम तक
मेरे गीत गुंजन और पैगाम
मत ढूंढो यूं मेरी परछाई
तुम दिन रात सुबह शाम।

तुम्हारे घर के पीछे जो
फैला है सुन्दर शैल-वन
उनमें गूंजते स्वर सुनना
पाओगे मेरा स्पर्श और गंध।

मुस्कुराती मेरी मोहिनी छवि
आँख-मिचौली खेलती संग रवि
नील-आकाश में चमक उठेगी
तुम रूपबद्‌ध करना बन कवि।

हर शाम वहीं दिन के ढलते
विहगों के स्वर में स्वर मिलाते
हम तुमको कह उठेंगे पुकार
हाँ! यहीं, इसी जगह, है मेरा अधिकार।

जब सो जायेंगे कोमल कुसुम-वृन्द
शांत हो जायेंगे निद्रा–मग्न खग–वृंद
माधुर्य बिखेरेगा शीतल निर्मल चन्द्र
साथ तारों के मतंग मस्त–शुभ्रंग।

वहीं साथ उज्ज्वल चन्द्रिका के
धुन छेड़ेंगे हम अनुराग मणिका के
कोई लता तेरे पास आ झूमेगी
पुलक-पुलक तेरी चिंता चूमेगी।

प्रिये, धीरे-धीरे तेरा माथा सहला
सुलायेगी हवा तुझे बहला फुसला
हम स्वपन में तेरे राज महल में
करते हैं वादा आने का पल में।

घूमेंगे फिर हम ओ प्रिय सखा!
वन प्रान्त में प्रफुल्लित ज्यों मेघा
कहेंगे मिलकर जो अब तक न कहा
फिर लौट जाएँगे आने का कर वादा।

एक दिन और ऐसे बीत जाएगा
द्विगुनित करता उल्लास ज़्यादा
यूँ ही, यूँ ही, प्रिय पूर्ण होती जाएगी
हमारी चिर-वांछित यह मिलन कथा।

माँ

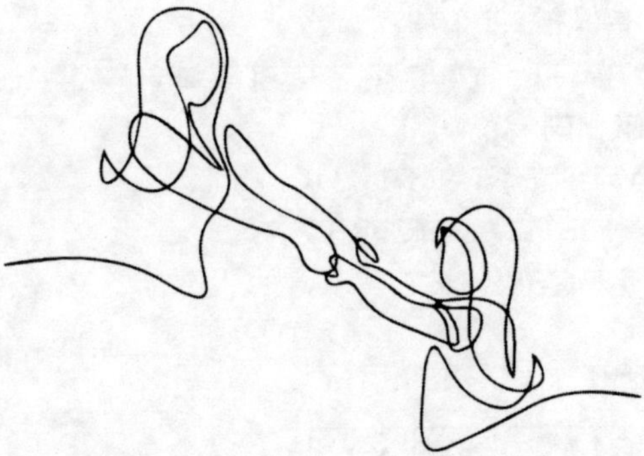

मेरे घर की रसोई से उठने लगी ख़ुशबू
माँ की चूड़ियों की खनखनाहट
और सिल–बट्टे की खरर-खर आवाज़
बोझिल होते हुए भी
कानों को मधुर लगते हैं
जब संतुष्ट हो जाएगी, माँ
पुकारेगी हम सबको
परोस गरम-गरम
पर माँ की ममता का अद्‌भुत रूप देखा है.

चिल्लाएगी "जल्दी आओ"
झल्लाएगी "और भी काम है, बैठी रहूँ क्या?"
हम लोग खड़े होकर मुस्कुराते हैं
माँ झल्लाती है, बनाती है, डालती जाती है
माँ की ममता का अद्‌भुत रूप देखा है.

जानती है स्कूल को देर होगी
मुंह अँधेरे ठंडे पानी से काम करती है
मैं उनींदी सुनती हूँ माँ की खांसी
और माँ की उखड़ी सांसे
और सोचती हूँ, "क्या यह उम्र माँ के काम की है?"
जवाब आता है, "नहीं"
पर क्या मैं स्वयं सक्षम हूँ?
और सुनती हूँ माँ की आहत साँसे
उठती-गिरती.

वैसे ही,
जैसे मेरे मन में उठता है ज्वार
उछालें मारता है बाहर छलकने को
यह उन्माद, ये उल्लास, यह मस्ती,
माँ की अपनी थी, मेरी अपनी
इस दौर से गुज़र कर पहुंची है
आज वो यहाँ

डाल हाथों में चूड़िया
माथे पे बिंदिया
और पहुँचती है मेरी नज़र
अपने सूने हाथों पर
और एक सल्लज मुस्कान
माँ भी दुल्हन बनी होगी

हौले-हौले उठते माँ के कदम
पहुंचे है ससुराल से रसोई में
रसोई से घर का स्वामित्व
और हमारे नाज़-नखरों से

होकर गुज़री है माँ
माँ में खुद को
खुद में माँ को देखा है
माँ की ममता का अद्‌भुत रूप देखा है.

वो चेहरा

एक दिन और ढला
ढलते सूरज के साथ
आज भी हो पाई न
उनसे दो पल की बात.

ढूँढती फिरती हैं नज़रें
बंद पलकों में मुस्काता वो चेहरा
पल भर की उलझी नज़रों में
सब कुछ कह जाता वो चेहरा.

कभी सपना कभी धूप व छैयां
कभी अपना सा कभी पराया
खुद खोया जाने अपने में
क्या लूट ले जाता वो चेहरा.

कभी मेरे आंसू में भीगा
कभी मुझ पर हँसता वो चेहरा
खुद उदास हो अपने में
ग़मगीन कर जाता वो चेहरा.

कभी रंग भरता जज़्बों में
कभी रंग चुराता वो चेहरा
कभी हक में अपना कह जाता
कभी हक ले जाता वो चेहरा.

पहली बूंद

फिर से बूँदें गिरने लगी
फिर गहन धुंधलका छाएगा
फिर मिट्टी कण-कण सोखेगी
फिर तृण कुशा मुस्काएगा
फिर कल्पना कहीं सजग होगी
फिर मयूर कहीं पंख पसारेगा
फिर पत्ता कोई हर्षायेगा।

फिर से ठहरेंगी बुँदे
मेरे आंगन में पल भर को
फिर धूप सुनहली निकलेगी
उनका निशां मिट जायेगा।

लेकिन मेरे हृदयांगन में
पहली बूंद जो सिमट गई है
धूप भी जिसको सुखा न पाई
वाष्प बन जो फैल रही है।

उफन रहा है जो मौन गर्जना में
मेरे अंतर्मन में रह-रह
पहली बूंद की शीतलता में
जो जम रहा है तह-तह।

मेरी आत्मा की मिट्टी को
वही सींचता जायेगा
पुष्प खिलेगा जब उसमें
दिनकर स्वयं चढ़ आयेगा।

मुर्झाएगी न कवि कल्पना
सृजन चलता जायेगा
पहली बूंद गिरती रहेगी
ठहर धुंधलका छाएगा!!

वो शाम

जब भी ढलती है कोई शाम,
मेरी खिड़की के कोने से
लौट जाता है मेरा मन,
उस शांत वीराने में
कुछ खोजता, टटोलता अपने अन्दर वहां
जहाँ कुछ खोया नहीं मैंने,
पर खोना चाहा था
लुटा देना चाहा था वर्चस्व अपना
भुलाने को अपने को उस वीराने में।

गहराती जाती है याद मेरे सीने में
मेरे साथ चलने को आतुर, मगर,
मुझसे दूर वो तेरे कदम
जो थका आहत देख मुझे, गए थे थम

मगर लौट कर नहीं आए मुझ तक
देने को सहारा
न जाने क्या भाव उठे थे तुम में उस वीराने में.

कहना चाहा था मैंने, "सुनो, ज़रा थम जाओ"
पर कहने से पूर्व ही, तुम सुन चुके थे.
भांप चुके थे, मेरे अन्दर का वो सैलाब
शायद तुम भी कुछ कहना चाहते थे
आकर पास मेरे, गुनगुनाहट भरे स्वर में
"थक गई हो, बैठ जाओ"

काश! कि बढ़ता तुम्हारा हाथ
मगर नहीं, तुम मूक थे
निर्मिमेष, मेरी तरफ पीठ किये उस वीराने में.

कैसे कटा था चुपचाप, वो सुनसान रास्ता
काश अपने दिल की
उस धड़कन को लिख पाती
भाया था मेरे मन को,
तुम्हारा वो ‘मौन प्यार’
जो कुछ जताए बिना भी, मेरे साथ था उस वीराने में.

ज़माने ने बहुत रूप तेरे और मेरे गढ़े
हँसते-खेलते, रोते-चिढ़ते
और पागल हमारी आकृति
पर क्या कोई उतर पायेगा
हमारी आकृति में
“वो मौन–अवाक् संवेदना”
जो उपजी थी और सिमट कर रह गई उस वीराने में।

जिसे खोजने–टटोलने अपने अन्दर
भटकती है मेरी ऑंखें उस वीराने में.
हर शाम जहाँ पहली दफ़ा
खुद को खोना चाहा था
पाने को प्यार तुम्हारा उस वीराने में।

पहली बार

पहली बार जब मैंने
कोमल स्वर पिरोये थे
तेरे ही रूप माधुर्य के
अमर राग गए थे
तुम तब से मेरे साथ हो!

पहली बार जब मैंने
तुलिका कुची पकड़ी थी
कागज़ पर तेरे ही सौंदर्य के
मैंने कई रंग सजाये थे
तुम तब से मेरे साथ हो!

पहली बार जब मैंने
कोई स्वप्न रचा था
उस दिन फूलों के बगीचे में
सादर तुम्हें बुलाया था
तुम तब से मेरे साथ हो!

पहली बार जब मैंने
कुछ निर्णय लिया था
मैंने वो स्वर्णिम पल
तेरे साथ बिताये थे
तुम तब से मेरे साथ हो!

पहली बार जब मैंने
मार्ग निश्चित किया था
उस दिन तेरे पीछे जाकर
मैंने तेरा घर देखा था
तुम तब से मेरे साथ हो!

पहली बार जब मैंने
अपनापन महसूस किया था
उस दिन तेरे काँधे पर सर रख कर
मैंने आंसू बहाए थे
तुम तब से मेरे साथ हो!

पहली बार जब मैंने
दुःख और दर्द को झेला था
उस दिन अपने हाथों से
मैंने तुमको विदा दिया था
तुम तब से मेरे साथ हो!

पहली बार जब मैंने
तन्हाई को झेला था
उस दिन विरह का पहला पत्र
मैंने तुझको लिखा था
तुम तब से मेरे साथ हो!

पहली बार जब मैंने
कुछ खोना महसूस किया था
उस दिन मैंने प्रेम का
पहला गीत रचा था
तुम तब से मेरे साथ हो!

पहली बार जब मैंने
लोगों से प्यार पाया था
उस दिन मैंने धन्यवाद का
पहला शब्द तुझे कहा था
तुम आज भी मेरे साथ हो!

आकांक्षा

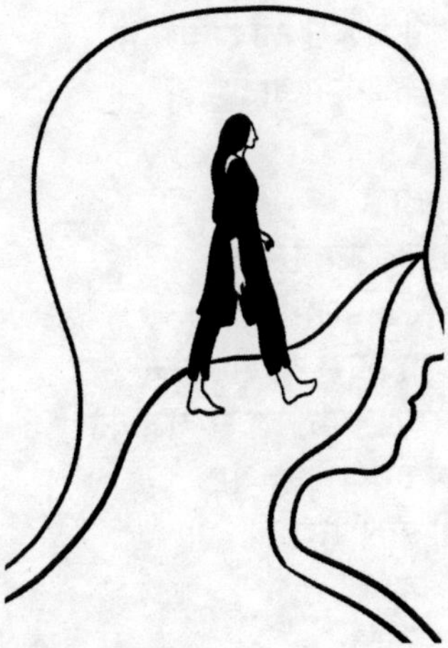

आज जबकि मैं आज़ाद हूँ....
फिर से आकांक्षा है कैद की
आज़ादी में वो अधिकार नहीं
जो घर की चारदीवारी में था
हर पल एक कड़क नज़र
जिसमें था अधिकार दबा प्यार।
मन में एक तड़प थी
घुटती थी सांसे उन प्राचीरों में
पर आज जबकि मैं आज़ाद हूँ....

फिर से आकांक्षा है उन प्राचीरों की
जिनमे मैं सुरक्षित थी
हर पल था मेरे अन्दर
एक डर भरा अहसास
ज़िम्मेदारी और सामाजिक सीमाओं का

जो थी मेरे अस्तित्व की मज़बूत पहचान।
चाहत थी स्वछंद बेनाम भीड़ में घूमूं
न कोई जाने न पहचाने
अपनी मर्ज़ी की मस्ती का जहान हो
पर आज जबकि मैं आज़ाद हूँ....

फिर से आकांक्षा है
चार कमरों के बंद माहौल की
जिनमें सब मेरे अपने थे
उन्हें हर पल अहसास था मेरे होने का
और चिंता थी मेरे एक पल न होने की
मेरे महत्व का एक चिन्ह था
मेरी मौजूदगी और मेरा
एक विश्वास था
हर वक़्त लौटते हुए
कोई मुझे अपना मानता है
मुझे जानता है, समझता है, पहचानता है
मेरी एक दुनिया थी जहाँ मैं कैद थी
पर आज जबकि मैं आज़ाद हूँ ....

प्राप्ति

आज पा लिया है मैंने
जो खोया था जीवन में
आज मिल गया है मुझको
जो झिलमिल था कम्पन में
आज पा लिया मैंने जो
धूमिल था दर्पण में।

जीवन का सूनापन लौटा
सावन की लौटी सौगातें
कम्पन की निश्चिंतता लौटी
विश्वास लौटा मेरे दर्पण में
आज पा लिया मैंने जो
अनुराग सोया था जीवन में।

खोया था अस्तित्व जो अपना
जो गुम हुई थी मेरी पहचान
लौट आई दबे पांव मुझ तक
आज फिर मेरी मुस्कान
आज पा लिया मैंने जो
बिखरा था धड़कन में।

फिर से थिरक उठे हैं आज
पांव मेरे तेरी धुन पर
फिर से छलक उठी नज़रें
अनजाने तेरे आने पर
आज पा लिया मैंने जो
दृश्य धूमिल था गहन में।

वीराना दिल गाना चाहे
छेड़ पुनः तार मन के
आह्लादित मैं सुनाना चाहूँ
संवाद तेरे सबको तन के
आज पा लिया मैंने जो
अधिकार खोया था अर्पण में।

लौटा लाया है हर पल
जो गूढ़ छिपा था जीवन में
लौटा लाया है हर पल
जो प्यार निराधार था थिरकन में
आज पा लिया मैंने
अधिकार तुम्हारे जीवन में।

पाषाण हृदया

कई सालों से देख रहे हैं हम
एक दूसरे को आते-जाते
अक्सर होती है मुलाकातें
मिलती है नज़रें
मगर कभी बात नहीं हुई।

मैं समझने लगी
तुम पत्थर-दिल हो,
हो तुम जज़्बात हीन।
एक दिन देखा
एक नन्हा सा बच्चा
तुम्हारी बगल से रोता, गुजरा।
तुमने देखा पर अडिग रहे
मुझे बुरा लगा
कैसे पाषाण हृदय हो तुम?

मैंने उसे पुचकारा
चुप कराया
और गर्व से तुम्हारी तरफ देखा.
तुम मुस्कुराये, पास आये
और बोले—
"नहीं जानता था कि आप जैसी
पाषाण-हृदया के दिल में भी ममत्व है।"

आदर्श नहीं चाहिए मुझको

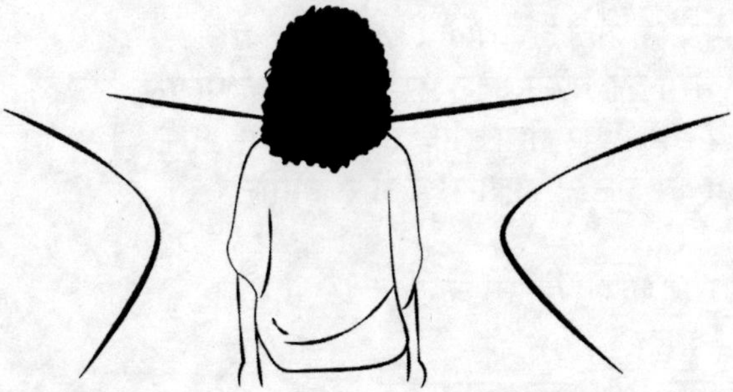

क्यों होता है
अक्सर ऐसा कि मन
जीना चाहता है
मगर समझ ये नहीं पाता है कि
अपने जीवन को आदर्श बनाये
या किसी के आदर्शों पर
आँख मूंद चलता चला जाये।

ये सत्य है कि जीवन बंधा है
तभी तो बंधे-बंधाये अन्दाज़ में
आदमी हँसता है, रोता है
पर क्या अपनी 'हंसी पर रोना'
और 'रुदन पर हँसना' भी
इंसान की ज़िंदगी में बदा है?

शायद हाँ, यह भी हकीकत है
इंसान खुद पर भी हँसता है
पर कौन यह दर्द समझ पाता है।

यह अनुभव एक ऐसा सत्य है
जिसे कभी न कभी
हर किसी ने महसूस किया है
फिर भी यही दुनिया है कि
किसी को अपने रुदन पर हँसता देख 'पागल'
और हंसीं पर रोता देख 'दीवाना' करार देती है।
हाँ मेरे मन तू 'पागल' है और 'दीवाना' भी

मगर शायद इंसान नहीं
क्योंकि
इंसान औरों को रुलाता है
औरों पर हँसता है
मेरी और तेरी तरह वह एकाकी नहीं होता
वो उजाला चाहता है, अँधेरा नहीं
वो सिर्फ जीना चाहता है, आदर्श नहीं।

यादें पत्थर की मानिन्द हैं

कुछ धुन्धली कुछ धूल जमी
कुछ सन्नाटे कुछ चीख भरी
यादें पत्थर की मानिन्द हैं
गढ़ जाती है जम जाती हैं।

भरी भीड़ में तनहा कर जाये
पल में पलकें नम कर जाये
भरी दुपहरी तपती झुलसती
यादें मन को बहला जाती हैं।

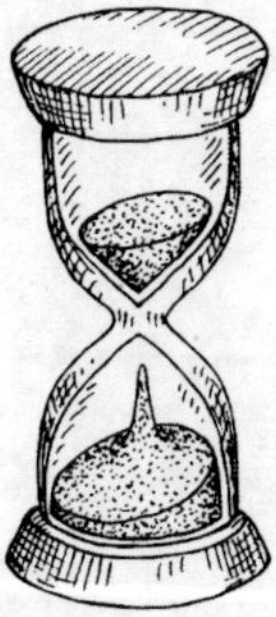

जान के एक सांस मैं ले देखूँ
क्या दूर कोई हरकत होगी?
पलकें उठा झुका कर धीमे से
क्या अब भी कोई मुस्कायेगा?

अभी ज़िन्दा हैं हम, चलो देखेंगे
क्या हाल है उसका भी अपने सा
क्या वो भी खुशफहमी में जीता है?
वो होता तो हर पल ऐसा होता।

य़ादे अमिट सी कैद हो जाती हैं
मुट्ठी भर के दिल में जाने कैसे?
ये हम हैं कि, बेख़ौफ़ जिया करते हैं
वो होता तो जाने क्या होता?

मैंने जीवन से प्यार किया है

नित खींच चंद लकीरें तिरछी
कल्पना को साकार करने
नव संगीत सजाने जीवन में
मैंने नव अविष्कार किया है
मैंने जीवन से प्यार किया है।

अपरिपक्व स्वप्न अस्पष्ट अभिलाषा
रंगों में नहीं ढलती श्रृंगार करने
नव रूप सजाने जीवन में
मैंने नित नव श्रृंगार किया है
मैंने जीवन से प्यार किया है।

मैं उड़ना चाहूँ गगन के पार
उन ऊँचाइयों को छूने चढ़ने
नव स्तम्भ गढ़ने जीवन में
मैंने नव सौपान लिया है
मैंने जीवन से प्यार किया है।

यह जग सुन्दर नवीन नूतन
विस्तृत गगन गहरा सागर
नव मोतियों की माला बुनने
मैंने नव आह्वान लिया है
मैंने जीवन से प्यार किया है।

प्रायश्चित

मेरी एकल अंतिम अभिलाषा
प्रतिपल कर दूँ तुमको अर्पण
मेरे हृदय में विद्यमान हों
तेरी ही यादें सदैव रौशन।

मैंने संजो कर हैं रख डाले
बिखरे पल पंखुड़ियाँ और फूल
तुम हो सके न सुमिरन करना
मेरे कसमें वादे और भूल।

मेरी चाह न निकली मन से
ख़ामोश जुबाँ से कहना चाहा
तुम समझ चुके यह मैं समझी
अब होता क्यों मुझको पछतावा।

काश, के होता यह संभव
मैं पिछला भूल नया सोचती
कोई शक्ति छीन ले जाती
मुझसे यादों के सब स्पंदन।

कितनी धूल चढ़ाई मैंने
हृदय के अपने दर्पण में
कितनी चादर तान बिछाई
यादों के उजड़े आँगन में।

लहर-लहर जाने तो कहाँ से
चलती है हवा पुरज़ोर
धूल उड़ा चादर तानती
कर देती पुनः मुझको कमजोर।

चितचोर, चितेरा, चोर कहा था
तुमने एक दिन हँसते-हँसते
तेरा हर शब्द वाक्य बन जाता
मेरी आँखों से ढलते-ढुलकते।

बहुत गर्वित थे अपने संयम पर
कैसा सुदृढ़ अटल हृदय है
आज छटपट घायल करता है
वो जिसपर तेरा नाम अजय है।

आज यह सत्य समझ मैं जागी
नहीं अहम् सत्य वचन का भागी
नहीं तिरस्कार प्रेम उपहार
नहीं गर्व मुक्त होता अनुरागी।

तुम्हें खो दिया हुआ यह निश्चित
अब मेरा हर पल अनिश्चित
बोझिल ह्रदय, छलकते नयन, जीवन व्यथा
मेरे कर्मों का अहा!
यही है प्रायश्चित।
यही है प्रायश्चित।।

मेरी सहेलियां

कुछ सहेलियां हैं अजब मेरी
जो मुझे बढ़ने नहीं देती
सोलह की वो दहलीज़
मुझे पार करने नहीं देती।

कितने राज धरोहर हैं उनके
वो मुझे संभलने नहीं देती
हर हाल मेरा वो जानती हैं
मुझे ज़रा बदलने नहीं देती।

मेरी पहली सी कशिश और
उनका पहला मीठा प्यार
ना वो भुला पाती हैं मन से
न मुझको ही भूलने देती।

लड़कपन की वो सारी आदतें
फ़िल्मों-ग़ज़लों-गीतों की सौगातें
रोमांटिक-नोबल, सीरियल की बातें
जवानी की अनजानी मुलाकातें।

कौन मिलेगा जाने कैसा मिलेगा
क्या अपने मीत के जैसा मिलेगा
हम सखियां कल भी बांटे हर सुख
क्या हमें जीवन साथी ऐसा मिलेगा

न वो बिसरी हैं कुछ भी बातें
न मुझे ही कुछ हैं बिसरने देती
सोलह की वह अल्हड़ दहलीज़
मुझे वो पार नहीं करने देती ।

वह एक कोमल कली

अपने मन की बात खोलती
नयनों से मुझको टटोलती
अपने वचन आप तोलती
जाने क्या कहने को मचलती
जीवित वह एक कोमल कली!

कई दिन हुए उसको खिले
धूल पानी और गर्द मिले
तन मन कुम्हलाये और पीले
जाने किस साहस से झेले
जीवित वह एक कोमल कली!

दर्द भरे बाण झेलती
कंटकों से स्वयं को ठेलती
विज़न वन की ओर ताकती
जाने किस आकांक्षा को पालती
जीवित वह एक कोमल कली!

ग्रीष्म, शरद, पतझर, शिशिर
झेलता उसका कोमल शरीर
कितनी जटिल उसकी तकदीर
संकल्पों की खींचे दृढ़ लकीर
जीवित वह एक कोमल कली!

स्वर्ण आभायुक्त वो स्वर्णमुखी
उज्जवल भाल शब्द अंतर्मुखी
कभी होगी वो प्रफुल्ल सुखी
जाने किस से बिछड़ है दुखी
जीवित वह एक कोमल कली!

लज्जा को समेटे पंखुड़ियों में
मर्यादा को लपेटे अँगुलियों में
स्वप्न संजो कर अंजुरियों में
जाने किस समर्पण में समर्पित
जीवित वह एक कोमल कली!

हाय! कैसी भोली नादानी

कितने बादल बरस, गए लौट
मैं अब बैठी राह निहारने
प्यास धरती की मन में सोखे
चट्टानों से चली प्यास बुझाने।

कण-कण मेरी मृदुल आकांक्षा
बन कर विस्फोटित होती है
हाय! कैसी भोली नादानी
रेत से चली मैं महल बनाने।

ढहती जाती है मुट्ठी से मेरी
आस तुम्हे पाने को देव
ज्योति-पुंज बने मेरी भावना
पथ में तुम्हारे जलने को।

निःसार बनूँ मैं कैसे धरा पर
कण-कण में तेरी पद छाया
आधार मेरा ये श्रृष्टि सारी
हर रूप में तेरा अंश समाया।

आस-निराश के बंधन में
उलझी मैं ओ चतुर सयाने
हाय! कैसी भोली नादानी
रेत से चली मैं महल बनाने।

इमोशंस अरेंज कर लेते हैं

अलमारी के कपड़ों की आज, फिर से तहें लगा दी है
जानती हूं दो-चार दिनों में सब, फिर बिखर से जाएंगे।

कुछ कपड़ों को यूं अपनेपन से सहला दिया है
मानों मायके में बेटी कुछ दिनों के लिए आई हो।

फिर कोई तीज-त्यौहार होगा तो 'इन्हें' पूछा जाएगा
कई महीनों तक फिर 'वो' कोने में सिमट जाएंगे।

कई कपड़े ऐसे दौड़े, आकर "धप्पा" कहकर मिले
मानों कहते हो 'पगली' आखिर ढूंढ ही लिया हमें।

वो सूट भी दिखा, उसकी कहानी भी याद आ गई
कब? कैसे खरीदा था इसे? आंखे सोच लज्जा गई।

अब फिट तो नहीं होता पर इनको बहुत पसंद है
इसी वजह से बरसों से यूं ही अलमारी में बंद है।

मिल गया है आज वह खोया हुआ मेरा दुपट्टा
जिसकी वजह से न पहन पाई थी फेवरेट कुर्ता।

घर लौटते ही यह भरा बिस्तर देख भड़क गए
हमेशा की तरह मुझे बिन सुने ही उलझ गए।

पता नहीं तुम्हें कपड़े फैलाने में क्या मज़ा आता है
समेटे हुए कपड़े निकाल कर समेटना क्यों भाता है।

हम तो तुम्हारी इस सफाई की आदत से पक गये
फिर कहोगी दिन भर आराम नहीं किया थक गये।

इस कोठी का धान, उस कोठी में करती रहती हो
बेवजह ही तुम दिन भर काम फैला कर रखती हो।

मै ख़ामोशी से बिस्तर समेटती जल्दी हाथ चलाती हूं
आधी-अधूरी बची हुई कहानियों की लिस्ट बनाती हूं।

इन्हें क्या पता हमारा हर कतरन से गहरा नाता है
कितना छुपा रखते है मन में जो न कहा जाता है।

कपड़ों के संग-संग अपनी सिलवटें भी सुलझा लेते हैं
जो बातें किसी से न कह पाए वो खुद से कह लेते हैं।

कभी मुस्कुराते हैं तो कभी जी भर के रो लेते हैं
कपड़ों के साथ हम इमोशंस भी अरेंज कर लेते हैं।

तुम्हारा अर्पण

कभी जब आकुल अंतर में
गुंजायमान होते हैं कुछ स्वर
और तरंगीत कर जाते हैं
छेड़ मेरा हृदय झंकार

मुझको यूँ आभास होता है
जनू विहीन शांत एकांत में
तुमने मुझे गीत किया समर्पण।

कभी जब बतियाने लगते हैं
मुझसे कुछ पुष्प उपवन में
और मचल उठता है मेरा मन
करने को उसको श्रद्धा नमन

मुझको यूँ आभास होता है
मेरी तस्वीर को फिर तुमने
एक सुमन कर दिया अर्पण।

कभी जब करता भीतर बाहर
बार-बार वो पंछी गुंजन
और कर देता मुझको विवश
देखूं उसको कर एकटक नयन

मुझको यूँ आभास होता है
फिर अपनी कविताओं में तुमने
मेरे नाम पैगाम दिया है।

कभी जब राह चलते-चलते
आकांक्षा होती सहेजूँ पत्ते
और दबा कर रख डालूं
उनको किताबों मे अपने

मुझको यूँ आभास होता है
दूर तुमने किसी सुरभित वन में
किसी पंखुड़ी पर मेरा नाम लिखा है।

कभी जब लहराती चलती पवन
चूम जाती है मेरे मूंदे नयन
बिखरा कर मेरे केश अकिंचन
सिहरा जाती जो मेरा तन-मन

मुझको यूँ आभास होता है
फिर से अपने स्वपन लोक में
तुमने मुझे निमंत्रण दिया है।

प्यास

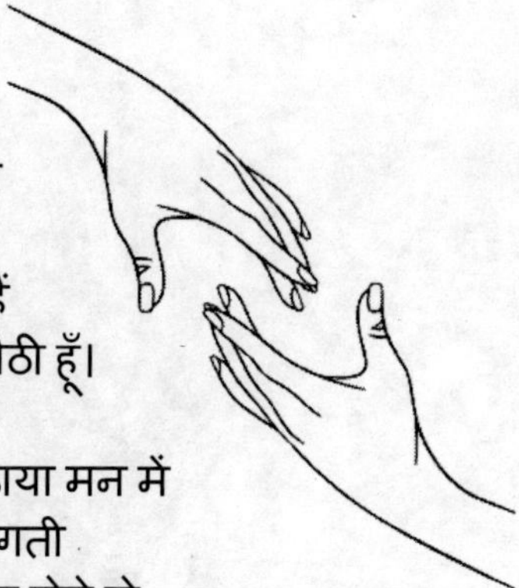

आज बरसों बाद फिर
खिड़की खोले बैठी हूँ
फिर कुछ खोई यादें हैं
जो पलकों में समेटे बैठी हूँ।

आज फिर तुम्हारी छाया मन में
कुछ बात नई नहीं लगती
तुम रह रह कर जागृत होते हो
साया बन मेरी सुधियों में।

चेहरा भी ठीक से याद नहीं
शायद बहुत कुछ बदल गया
लेकिन क्या ये सत्य नहीं
हम वहीं ठहरे, वक्त निकल गया।

तुम भी थे एक जज़्बाती, निश्चल
हम तुम थे भावुक, कुछ पागल
सोचती हूँ आज जो साथ होते
क्या जीवन न होता अपना सफल

अपने मन का साथी पाना
साथ किसी अपने का होना
मनु, फ़र्क यही समझ मैं पाई
खुद प्यासे रहना या प्यास बन जाना।

एक मन मेरा भी

दोहराते हैं निरंतर हर क्षण
सुधियों में अर्पित ये प्राण
जीवन संबल के कोमल वचन
मांग शास्वतता का वरदान।

एक परिचित साथ का पल
माधुर्य-मिश्रित सुखमय कल
नयनों के झिलमिल दर्पण में
सुरभित-शोभित उल्लसित क्षण।

झुमु गर्वित स्वयं कर पुलकित
नव कोपल सी अल्हड़ सुष्मिता
न शंशय न भय श्रृष्टि का
हृदय हरण की मैं समर्पिता।

अनुमोदित होते हैं देख नयन
पाते हैं तृप्ति कैसा ये चलन
कुछ अस्फुट से उनके स्वर
मुझको हो जैसे अजर अमर।

विश्वसनिय एक वचन तुम्हारे
दृष्टि बदल देते हैं मेरे
स्थापित तुमको मन में कर के
भूली दीन-हीन हाल मैं सबके।

सब शोक भय संताप मिटे
बंजर मानस पर अंकुर फूटे
कर मृदु भूमि मुस्कान हरियाई
तुमने प्राणमयी सुधा बरसाई।

बढ़ी विभावरी अब लगे न भारी
हृदय पटल पर छायी छवि न्यारी
धवल-धुलित लगते दिशी अम्बर
मन आकाश पर उदित तुम दिनकर।

अब मुझको दूभर याद वो पिछले
हंसी विहीन उत्सुकता हीन जो निकले
बिखरे स्वर गीत बन गूंजे
आज विराजमान अरमान मेरे ऊँचे।

चाहे आकाश कुसुम बन महके
चाहे आकाश दीप बने जल के
चाहे जीवन दायिनी बने सुरभि
यह एक मन मेरा भी।
यह एक मन मेरा भी।

मेरे मन का वो कोना और

रेलगाड़ी

चलती हुई रेलगाड़ी से देखा था बाहर मैंने
खिड़की के खुले झरोखे से आती हवा को सोखा मैंने
नज़र दौड़ाई मन बोला: "कितना मनोरम दृश्य है"
मैंने सराहा:
वो धन के पके खेत बीच में नज़र आता
मृगतृष्णा सा सरोवर।

खेतों के बीचों-बीच बनी एक झोपड़ी
केलों के पेड़ से घिरी बीच में स्थिर
शांत मनोहर प्राकृतिक सौंदर्य
भारतीयता की पहचान।

रेलगाड़ी दौड़ती रही
और भागते रहे मुझसे दूर वो दृश्य
नदी वृक्षों के झुरमुठ
धन के लहलहाते खेत
मानों अतीत की ख़ुशहाली
पीछा छुड़ा रही हो वर्तमान नज़रों से।

गुनगुनाते हुए कोई मधुर गीत
मैंने सुखानुभूति में पलकें मूंद ली
डूबने उतरने लगा मेरा मन
काश! मैं होती इन पर्वतों सी स्थिर
और भागती रहती इसी तरह
ये दुनिया ज्यों रेलगाड़ी।

हर्षाता रहा वह घर मुझे
एकांत शांत निर्मल सौंदर्य
और मेरे मन का कोना
जिसपर छाती गई सरसों की पीली क्यारी।

ठंडा पवन का स्पर्श और गर्म मेरी सांसे
दोनों संतुलित करते रहे
सिहराते रहे मेरे ह्रदय को
दूर होता जा रहा था
मेरे चेहरे से दुप्पट्टा नीला
ज्यों धुंधलाता हो शून्य आकाश का नीलापन।

साथ बैठे सब पर नज़रें दौड़ाई मैंने
कोई बाहर के दृश्यों में खोया था
कुछ बातों में मशगूल थे
किसी ने मुस्कान उछाली "अच्छा लग रहा है न"
मैं प्रत्युत्तर में मुस्कुराई।

सब खोये थे अपनी अपनी दुनिया में
अपने कल्पलोक में
मदमाती मुस्कुराती मेरी निगाहें उठी
और रह गई उलझ कर उन निगाहों से।

मैं कैसे भला भूल बैठी उन निगाहों को
न जाने कितनों चेहरों के बीच
छिपी थी वो आँखें
जो झांक रहा था
मेरे दुपट्टे के पार मेरे चेहरे को।

वही शून्यता, वही शांति, वही स्थिरता
वही शांत, एकांत, निर्मल सौंदर्य
पटरियों की धुन पर धड़कता मेरा मन
भाग रहा था, मेरी पहुँच से बाहर
मेरे मन का वो अनछुआ कोना
और भागते रहे मुझसे दूर वो दृश्य और रेलगाड़ी।

कहूं तुझे कैसे पाषाण!

तेरे अधरों की स्मिथ छाया में
खिलती मेरी मंद मुस्कान
मोहित जिसने किया है तुझको
वह सम्मोहन मेरा तेरा वरदान

काश! मैं सह पाती तेरी शान।

तेरे पलकों के उठने-गिरने से
संचालित मेरे हृदय प्राण
व्यथित करती है जो तुझको
वह रजनी मेरी निज पहचान

काश! दिखा पाती अपने निशान।

पुलक-पुलक अपनी छाया को
जैसे छूना चाहे बढ़कर बालक
आह्लादित करता है जो तुझको
वह मेरा उन्माद है तेरा ज्ञान

काश! मैं कह पाती अनजान।

तेरे कहने फिर मुकरने से
बनते-बिगड़ते मेरे मान
यह मेरी प्रवृत्ति जो भाती तुझको
वह है तेरी लापरवाह पहचान

काश! मैं कह पाती तू जान।

क्या-क्या तेरे रूप बनाऊं
कितने दर्पण में सजाऊं
मेरा रूप जो हर्षाता तुमको
वह भ्रम है तेरी नज़रों का मान

काश! झुठला पाती तेरा सम्मान।

कितने निर्मम तूने अश्रु बहाए
कितने सितकर तूने जलाए
पिघलती शमा जो ललचाती तुझको
वह है मेरे रोते अनुदान

काश! मैं कह पाती तुझे पाषाण।

काश! मैं कह पाती तेरे शान।
काश! दिखा पाती अपने निशान।
काश! मैं कह पाती अनजान।
काश! मैं कह पाती तू जान।
कैसे झूठ लाऊं मैं तेरा सम्मान?
कहूं तुझे कैसे पाषाण!

क्या खोया है, क्या पाया है?

हल्के से अधखुले होठों पर
धीमा-धीमा था स्पंदन
झुकी पलकों की अलकों में
धीमा-धीमा था कम्पन।

नीचे झुकी थी ग्रीवा मेरी
लाज के सुनहरे दर्पण में
आंचल उड़ता था रह-रह
स्वप्न महल के आंगन में।

सखी, सूने वीराने में संग मेरे
शांत स्थिर था स्याह गगन
तारे भी थे सब डूब चले
सूरज का निकला न आनन।

आकर हल्का सा स्पर्श
कर चला मुझको पवन
धक! से रह गया वीराने में
हाय! मेरा अवचेतन मन।

उनींदी मैं चौंक उठ बैठी
किसका था साहस उत्तेजन
जो आ धमका मेरे द्‌वारे में
लेकर दुःसाहस यह कर बंदन।

स्वप्न रत में जग ना पाई
जाने किसने जकड़ लिया था
उखड़ी हुई सांसों ने हाय!
मुझको कितना बेबस किया था।

जान न पड़ता था दूर तक
परिंदा भी कोई वहां नहीं था
हे सखी! उस वीराने में
किसी का नामो निशां नहीं था।

खोली पलकें अश्रु दो ढलके
दामन मेरा फिर भी प्यासा
हुआ न सखी आज तलक क्यों
मेरे आंगन में प्रीत उजासा।

उस वीराने से भी ज़्यादा
खुद को मैंने तन्हा पाया है
समझ ना पाई उस सपने में
क्या खोया है, क्या पाया है?

एहसास

उम्र के एक पहलू में
दिल का आंगन था सूना
उस दिन बरसात का मौसम था
पिया, जब तेरा संदेश सुना।

यकीन था फिर भी सपनों में
दिल झूम-झूम गाने लगा
विश्वास की लौ जलाकर
एहसास मेरा जगमगाने लगा।

नैनो ने संजोए थे कई
स्वप्न सलोने सुंदर ऐसे
यह पल ऐसे पल में आया
रह गए हम चौंके-चौंके।

मन ढूंढा किया पनाह तेरी
सावन नीर बहाने लगा
विश्वास की लौ जलाकर
एहसास मेरा जगमगाने लगा।

शर्म का चंचल हिंडोला
चुनरी का बाली आंचल
न जाने क्यों आज सजन
दर्पण ने यह मुझे दिया।

श्रृंगार सजाने का मौसम
मुझ पर भी आज छाने लगा
विश्वास की लौ जलाकर
एहसास मेरा जगमगाने लगा।

व्याकुल व्यथा

मन को अपने समझा नहीं पाती
जी को ढाढस बंधा नहीं पाती
वह कह देंगे एक दिन मुझको
मन में विश्वास जगा नहीं पाती।

सपनों में वह जब आए
स्वर मुखर हो नहीं पाए
जो हृदय उनका जाना होता
विश्वास की बात खोल मैं पाती।

मिलन का वह दुर्लभ क्षण
गुज़र गया खामोशी में तत्क्षण
नयन झुके थे लज्जा में समर्पण
काश प्रणय निमंत्रण पढ़ मैं पाती।

दो बोल जो उनसे कह सुन लेती
तो जीवन का मूल्यांकन कर लेती
वह मेरे है आस सहारे या मृग जल
तय पल भर में कर मैं पाती।

राह में कल वो जो मिल जायेंगे
व्याकुल व्यथा कैसे कह पाएंगे
जो सुख-दुख संग बांटा होता
तो अंतर्मन दिखला मैं पाती।

आगमन

मेरे घर के आंगन में
उल्लसित वह पंछी बोला
मानो किसी के आने का
सहर्ष भेद उसने खोला।

ऐसा अक्सर होता संभव
भूला राही कोई लौटा हो
किसी के आने का आभार
सुखद सहज उसने समेटा हो।

क्या कर करूं स्वागत बावली
आवन की सुधि में यह भूली
कौन देश गए कहां से आए
घर आंगन क्या रंग सजाए।

आज ज्ञात नहीं मुझको इतना
भेद हृदय का उनका कितना।
क्या प्रिय वचन निभाने आये
या पल भर की प्यास बुझाए।

पर यह क्या ख्यालों में खोई
परदेसी लौट गया ना आहट कोई
वह पंछी भी बोल सुना कर
न जाने कहां उड़ गया तत्पर।

मैंने क्षणिक सुख जो पाया
सघन वन में बूंद सा समाया
काश! कर्ण आहट प्रिय सुनते
मन सहसा क्यों कर वह बोला?

आज फिर दिल उदास है और सांस बेचैन

आज फिर दिल उदास है और सांस बेचैन,
लगता है कोई और भी है मेरी तरह निःचैन ।

सामने है खुली खिड़की लगता है मानो बंद,
हिल रहे हैं पेड़ सभी फिर भी है हवा मंद।

दिल में भरा है ताप फिर भी लग रही है ठंड,
मन में है उहापोह एक अनभिज्ञ सी द्वंद।

आ रही है कोई आवाज़ फिर भी दिल है मौन,
लाखों की इस आवाज़ में न जाने बुलाता कौन ।

किस-किस को पहचाने किस-किस को देख नैन,
आज फिर से दिल उदास है और सांस बेचैन।

रुक-रुक के कई भाव उठ रहे हैं मन में,
शिथिलता सी महसूस हो रही है तन में ।

अनसुनी सी कोई बात आज याद आ रही है,
आंखें भी कोई अधखुली किताब पढ़ रही है ।

हर पन्ने में छिपा है जीवन का कोई राज़,
परिपक्व ज्ञान भी जिसे समझ ना पाया आज ।

वैसे ही कोई पहेली गुनगुना रहा है मन,
रह-रह के उठ रही है उर में कोई बैन ।

आज फिर दिल उदास है और सांस बेचैन।

दो गज मिट्टी

मै भी चाहूँ सम्मान
दुनिया की सम्मानित नगरी में
मै भी चाहूँ फूलों का हार
काँटों की इस कंटीली बस्ती में।

मै भी बनना चाहूँ बड़ा
रहना ऊँची अट्टालिकाओं में
क्यों नहीं सजती दिवाली
मेरी झोपड़ी की गलियों में।

क्यों नहीं ठिठकते लोग
देख चलते मुझे नंगे पांव
जो है अचंभित देख उन्हें
जो बैठे गाड़ी में पसार पांव।

कोई नहीं कहता क्यों मुझको
अरे! भाग्य हमारे आप पधारे
कोई नहीं सुनता क्यों मेरी
अंतर की आह! जो लज्जित है हाथ पसारे।

कोई दिलासा तो देता मुझे
कहता ईश्वर नहीं तुम ही भाग्य रचैया
मेरी प्रतिभाओं को देख मुझे
कोई तो गुदरी का लाल कहे।

क्यों चीखूँ उन भूल-भुल्लैयों में
जहाँ आहत हो जाती साँसे
उखरी सी हस्ती रह जाती
जिन गलियों में ऊँची उच्छ्वासें।

आह! कोई मेरे मन को
झूठी एक दिलासा दे दे
रोते-कलपते मेरे मन को
नव विहान की आशा दे-दे।

चाह लिए अब जीना चाहूँ
विश्वास टूटे तक लड़ना चाहूँ
गाड़ी के पहियों की धूल तले
न गुमनाम मैं मरना चाहूं।

मेरी दो गज मिट्टी तो
गाड़ी के पहियों की धूल बनी है
प्यार जिसे जननी कह किया
आज वह धूल सी शूल बनी है।

तीन ग़ज़लें

1. पहली ग़ज़ल

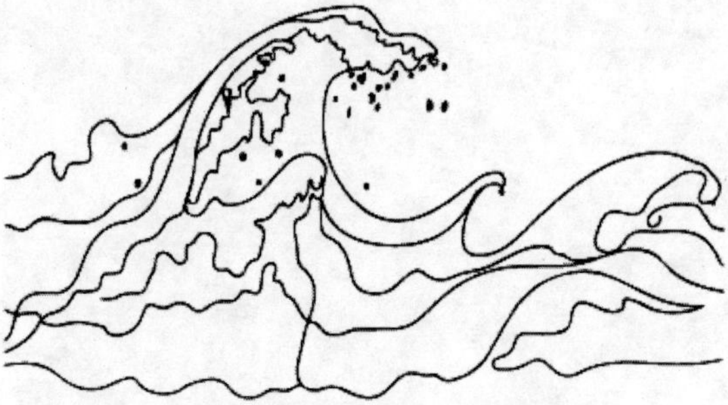

कभी दिल में तुम मत सोचना कि मैं बेवफ़ा हुआ
कभी याद आये तो कहना मेरा यार था फ़ना हुआ।

कहूं क्या तुझे, बता मुझे, क्यों तुझसे मैं जुदा हुआ
कहते है सभी मुझे, बस था इतना साथ, पूरा हुआ।

खुद से भी यकीं उठा, सोचता हूँ यह क्या किया
मैंने ही तेरे साथ की कभी मांगी थी हरदम दुआ।

मैंने ही कभी मुहब्बत के दावे किये थे सुबह शाम
मेरे ही कारण देखिये ख़त्म वो दिल का फ़साना हुआ।

कई और मिले सफ़र में पर, तुझसे मिल एहसास हुआ
जो तुम मिलो रौनक जहाँ, जाओ जो तुम वीराना हुआ।

तुझसे पहले भी गुज़रती थी, जीना महज़ बहाना हुआ
था इंतज़ार पहले भी, अब इंतज़ार तेरा रोज़ाना हुआ।

छोड़िये क्या ज़िक्र उसका वो किस्सा तो पुराना हुआ
हम भी कभी दीवाने थे उस बात को तो ज़माना हुआ।

2. दूसरी ग़ज़ल

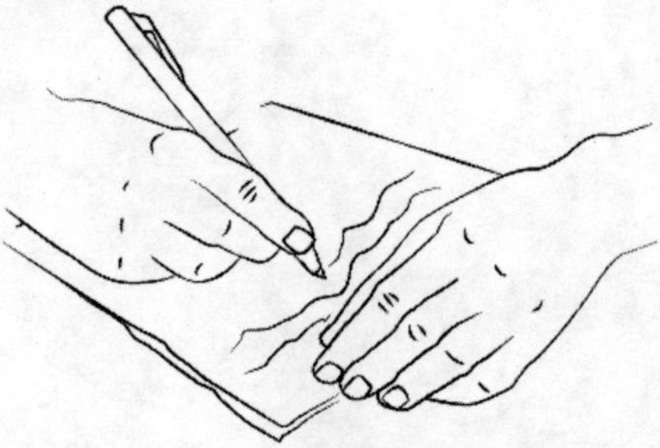

नज़रों से कभी उन्होंने एक हक़ीक़त कही थी
अब यूँ गुज़र जाते है मानो वो हक़ीक़त नहीं थी।

वो तमाम पल खुली किताब की तरह
वो हर जज़्बात बयाने राज़ की तरह
हर ख़ुशी-गम, हर सुकून की वजह
लिखे हैं मैंने दिल पर हिसाब की तरह।

बहुत मुश्किल होता है तनहा सफर
बड़ी आरज़ू से मिलते हैं, हम नज़र
नसीब की थी बात मिले तुम रहगुज़र
क़यामत की थी रात जब बिछड़े थे हमसफ़र।

बिखड़े पड़े हैं जहाँ तहाँ मेरे फ़साने
तुम्हे सुनाने की ख्वाहिश में होते पुराने
ये कुर्बत ये दूरियां ये आंसुओं का कहर
लगता हैं पहुँच होंगे ख़तम अंतिम ठिकाने।

3. तीसरी गज़ल

तुम जो बिछड़े हो साथी, एक दर्द सा देकर
उस दर्द से अब तक, दिल को करार आया नहीं।

सुनता हूँ, पर आती नहीं, सदा अब उस दर से
कि उस डगर पर अब कोई तेरा साया नहीं।

तुम जो छुप कर खड़े हो, यूँ निगाहों से मेरी
आज आसमां पर कोई चाँद नज़र आया नहीं।

वो जो ज़ज़्बात पुरजोश थे, कभी वादों में तेरे
तेरे सिवा आज तलाक किसी से निभाया नहीं।

मैं तो ज़ुल्फ़ों के अँधेरे को बसर समझा था
क्या है दिन का उजाला किसी ने बताया नहीं।

मुझसे साथी तुम जुदा होने की बातें न करो
कौन मेरा है मुझको किसी ने समझाया नहीं।

तुम तो समझ लेते थे आँखों की मेरी बातें
तेरे बाद फिर कोई ऐसा समझ पाया नहीं।